MONTCHEVREL
EN 1902

MONTCHEVREL

EN

1902

LA CHAPELLE-MONTLIGEON

IMPRIMERIE-LIBRAIRIE DE NOTRE-DAME DE MONTLIGEON

—

1902

Séez, le 4 Decembre 1902.

Mon cher Curé,

Je m'empresse de vous retourner vos épreuves avec l'Imprimatur ; et j'ai plaisir à souhaiter tout succès à votre intéressant petit travail.

Croyez à la cordiale assurance de mes meilleurs sentiments.

L. DUMAINE,

v. g.

A MES CHERS PAROISSIENS,

Je vous dédie cette petite brochure. J'en ai réuni les pages, tout exprès pour vous, afin qu'il vous soit plus facile de conserver le souvenir de la consécration de votre église.

Puissiez-vous l'aimer toujours davantage, votre chère église, être plus fidèles encore à la fréquenter, surtout le dimanche et les jours de fête ! Sa restauration, devenue nécessaire, n'est-ce pas avec votre concours généreux que j'ai pu l'accomplir ? C'est donc bien votre église.

Comme pour enchâsser le récit de cette cérémonie religieuse et vous le présenter dans un cadre convenable, plus digne, j'ai recueilli quelques faits et détails intéressants sur Montchevrel. C'est l'explication de notre titre : **Montchevrel en 1902.**

Vous viendrez dans votre église, souvent, toujours plus nombreux, avec recueillement et piété. Elle est la « maison commune de la grande famille « paroissiale », comme vous le disait l'Évêque, le soir de notre belle cérémonie. Dans cette Maison de Dieu, vous ne formerez tous qu'un cœur et qu'une âme. Vous oublierez dans la foi, dans la prière et la réception des sacrements, les querelles, les rivalités pénibles qui divisent, les misères et les amertumes de la vie. La vie est courte, elle est bien éprouvée : pourquoi ne pas s'efforcer, d'après l'ordre du divin Maître, de vivre unis, comme des frères, dans la sainte charité ?...

Ainsi, vous plairez à Dieu, vous ferez descendre ses bénédictions sur vous et sur vos enfants ; c'est le vœu de votre pasteur, et il prie Notre-Seigneur Jésus-Christ de l'exaucer !

Montchevrel, 25 decembre 1902,
en la fête de Noël.

LORY, curé.

MONTCHEVREL

Respice in faciem Christi tui !

O Dieu,

regardez la face de votre Christ,

et protégez cette paroisse.

O Crux, ave !

Inscription du Calvaire.

MONTCHEVREL

Montchevrel est une paroisse de 400 habitants, du diocèse de Séez. Elle existait dès le XII° siècle. Elle a pour patron saint Pierre : *Sanctus Petrus de Monte Capreoli,* saint Pierre de Montchevreuil, ou Montchevrel. Une très vieille légende rapporte que ce nom fut donné à toute cette contrée, à cause des chevreuils que les seigneurs de jadis, grands amateurs de chasse, ne manquaient jamais de poursuivre et d'atteindre sur ce plateau.

Pour l'administration civile, Montchevrel est du canton de Courtomer, et relève de l'arrondissement d'Alençon, chef-lieu de l'Orne. La gare la plus rapprochée est le Mesle-sur-Sarthe, sur la ligne d'Alençon à Condé. Le bureau de poste est Sainte-Scolasse.

L'agglomération qui forme le petit bourg est assez nombreuse. Les maisons sont propres, bâties avec goût ; quelques-unes même, dans le bourg et dans les villages voisins, rappellent d'illustres souvenirs. Ce sont des logis, des gentilhommières du temps passé. Des personnages de quelque célébrité les bâtirent et les habitèrent : MM. de Bernardville, de Montchevrel, de Coustard (1), d'Avesgo, le baron d'Hoursin,

(1) Une pièce de terre, aujourd'hui défrichée, rappelle ce nom ; on dit encore le « Bois Coustard ».

A titre de curiosité, nous reproduisons les armes de la famille de Coustard. Armes : *d'azur au chevron d'argent, accompagné de trois fasces et d'un croissant de même en pointe.*

Nous avons copié ces armes sur des burettes pour les Saintes-Huiles, en vieil argent, qu'avait données à l'église le seigneur de Coustard. Au-dessous des armes, se lit l'inscription latine : *dono dedit dominus Coustard.*

seigneur du Croc, dont les armoiries, bien conservées, couronnent les portes de la sacristie (1).

Et, en remontant le cours des siècles, nous

(1) Il y a, à Montchevrel, une propriété qui porte ce nom, « la Ferme du Croc ».

L'armorial de Normandie et du Perche ne mentionne point cette famille. D'où était-elle originaire ?...

Voici les armes accolées du baron d'Hoursin et de la baronne, son épouse.

ARMES ACCOLÉES
du baron de HOURSIN (*seigneur du Croc*),
et de sa femme.

A gauche : ARMES DU MARI : *d'azur au chevron d'argent, accompagné en chef de deux étoiles et en pointe d'un croissant surmonté d'une merlette de même, au chef de gueule.*

A droite : ARMES DE LA FEMME : *de sinople chargé de deux étoiles d'argent accompagnées en chef d'un soleil et en pointe d'un rocher de même.*

trouvons, au xii° siècle, un seigneur, Guillaume de Tousvoies, qui donna la paroisse de Montchevrel, vers 1160, à l'abbaye de Tyron, au diocèse de Chartres (1); plus éloigné encore, un Herbert de Montchevreuil, *dapifer ducis Normanniæ*, officier de bouche du duc de Normandie, contemporain de Serlon, évêque de Séez, et qui mourut en 1122. Il avait été peut-être compagnon de Guillaume le Conquérant, celui-ci étant mort en 1087. Le duc de Normandie avait donné, dans cette paroisse, un fief à Renault, ainsi que le constate un document authentique. Le cartulaire do l'abbaye de Tyron contient encore d'autres noms. Le cartulaire de la Grande-Trappe (p. 135) mentionne un seigneur Raoul de Bois-Gaucher, et sa femme Adélaïde. Ils avaient légué à l'abbaye de la Trappe, pour le repos de leur âme, sept sols

(1) Aux xi°, xii° siècles, et plus tard, des seigneurs, des abbayes, en souvenir de donations faites pour les frais du culte et l'entretien des ministres sacrés, ou encore pour d'autres raisons, avaient le droit de présentation à différentes cures. Ils présentaient le prêtre de leur choix à l'evêque du diocèse. L'évêque conférait à ce prêtre les pouvoirs de juridiction curiale.

Mais ces seigneurs et ces abbayes avaient la liberté d'échanger, ou même d'abdiquer ce droit de présentation.

C'est ainsi, pensons-nous, que le seigneur de Tousvoies put remettre, « donner », la paroisse de Montchevrel à l'abbaye de Tyron.

tournois de rente, à prendre sur leur maison du Bois-Gaucher, payables à la Saint-Rémy, et destinés à fournir la pitance des moines de la Trappe, le jour de la fête de la Toussaint.

Plus tard, en 1247, leur fils, Jean de Bois-Gaucher, héritier des sentiments de noble charité légués par ses proches, accorde à la même abbaye trois sols tournois de rente annuelle, également destinés à la pitance des moines, le lendemain de la Saint-Nicolas (1).

Plusieurs routes traversent la petite bourgade. Ces routes, bien entretenues, bordées de hautes haies vives, rendent les communications faciles et agréables. Un calvaire, érigé à la clôture de la mission de 1895, domine le bourg et le protège. Sur le piédestal, on lit l'inscription : « O Dieu, regardez la face de votre Christ, et « protégez cette paroisse. *O Crux, ave!* » — Les voyageurs admirent le travail achevé de ce calvaire ; la grille qui l'entoure et le Christ sont remarquables.

(1) Sol tournois se dit d'une ancienne monnaie, fabriquée spécialement à Tours. Le sol tournois valait douze deniers ; trois deniers faisaient un hard. A cette époque, la monnaie, or, argent ou cuivre, avait une valeur peut-être vingt fois supérieure à celle de nos jours.

Sept sols tournois pourraient répondre approximativement à une centaine de francs de notre monnaie actuelle.

Montchevrel s'étend sur une superficie de 1,080 hectares. Il est situé, en partie, sur un plateau élevé. Le versant du midi présente un panorama splendide. La vue embrasse de riants paysages, de nombreux clochers : Laleu, Saint-Aubin-d'Appenay, Saint-Julien, le Mesle-sur-Sarthe, avec sa tour carrée, La Fresnaye, Le Mesnil-Guyon, Le Chalange, la butte célèbre de Boitron, les bois de Marchemaisons, de Mont-perroux, d'Aunay, et plus loin, à l'horizon, les magnifiques flèches de la cathédrale de Séez, les collines de Chaumont, les forêts d'Écouves, de Bourse et de Perseigne.

A Montchevrel, l'air est pur, très vif. Les habitants sont forts, vigoureux. Le sol est fertile. Partout, dans la saison, ce sont les abondantes moissons de blé et d'avoine, les pommiers robustes et chargés de fruits, les vertes prairies, les gras herbages. Non loin, coule la Sarthe, voisine encore de sa source ; elle marque la délimitation de la Normandie et du Perche. Montchevrel est un coin de terre privilégié, mais quelquefois aussi durement éprouvé par de brusques coups de vent, par de véritables cyclones.

La population s'adonne à la culture et à

l'élevage. Les mœurs sont restées douces et honnêtes. On pourrait peut-être regretter parfois, dans les relations habituelles de la vie, une certaine réserve, presque de la froideur, un certain manque d'abandon, qui viennent de la timidité, ou d'une prudence exagérée. Un paysan normand, doublé d'un Percheron, n'est pas le premier venu : il est loyal, mais toujours sur ses gardes ; aussi s'entend-il à merveille dans les affaires et les marchés.

Montchevrel possède une école de garçons et une école de filles. Les enfants sont bien élevés et intelligents. Peut-être quelques parents les gâtent-ils par trop d'indulgence ?... Ils auraient tort d'oublier le vieux proverbe : « Qui aime « bien corrige bien. » L'expérience de chaque jour atteste que les enfants, élevés dans trop de mollesse, dans la satisfaction de leurs caprices et de leurs fantaisies, sont loin, d'ordinaire, plus tard, de réaliser les espérances légitimes de leurs parents.

La foi, les devoirs et les pratiques de la religion sont toujours en honneur à Montchevrel. L'indifférence religieuse y est inconnue, malgré de regrettables négligences.

L'ÉGLISE

L'ÉGLISE

Mais, il y a quelques années, au milieu de ce petit bourg élégant, de cette nature riche et pittoresque, le regard était attristé de voir l'église dans un état lamentable. Le clocher s'apercevait de très loin ; il piquait la curiosité. Hélas ! vue de près, l'église tombait en ruines ; à l'intérieur, c'était plus triste encore. Un malheur était à craindre. Cette église était indigne des paroissiens de Montchevrel, aisés la plupart, et profondément religieux. Elle n'était plus convenable pour le service divin.

L'œuvre de restauration, commencée en 1897, dura plusieurs années. Les difficultés ne manquèrent point. La bonne volonté des parois-

siens seconda la pieuse entreprise du curé (1),
et, le 24 août 1902, Mgr Bardel, évêque de Séez,
consacra l'église restaurée et transformée.

(1) Les travaux se firent par parties. Quatre devis successifs, soumis à l'approbation de M Bret, préfet de l'Orne, furent autorisés — Le côté sud du choeur et de la voûte était l'objet d'une première autorisation. La seconde comprit le côté nord, mal appuyé par la vieille sacristie, et la réfection de celle-ci, au chevet de l'église. Une troisième permit de faire les ouvertures régulières de la nef et d'établir les contreforts extérieurs. La quatrième faisait disparaître de massifs tirants de bois, disgracieux, désormais inutiles, et une voûte en bardeaux entièrement vermoulue.

Le clocher n'a pas été compris dans l'œuvre de restauration dont nous parlerons bientôt. Mais la vigilance du Conseil municipal doit, incessamment, y faire exécuter les travaux nécessaires.

Par malheur, ce clocher ne renferme que deux cloches. Trois cloches donneraient une sonnerie plus harmonieuse. Presque toutes les églises du canton de Courtomer possèdent trois cloches. Notre église restaurée, avec son clocher qui le sera bientôt aussi, nous l'espérons, ferait belle figure avec trois cloches. Puisse cette petite digression susciter, chez nos paroissiens, la pieuse générosité de nous apporter quelques offrandes en vue de cette troisième cloche !..

En attendant, voici l'inscription de notre petite cloche :
« L'an 1809, j'ai été bénite par François-Charles Descours, desservant de Montchevrel, et nommée Anne-Marie par M Pierre-René-Louis Dufour, propriétaire, et par Dame Marie-Catherine Dérard, épouse de M. Thomas Masson. — MM. René Potonier, maire, Louis-François Desprez, adjoint, Louis Gautier, François Aubert *Chiquier*, Pierre Duteille, marguilliers. »

La grosse cloche porte cette inscription :
« L'an 1809, j'ai été bénite par François-Charles Descours, desservant de Montchevrel, et nommée Élisabeth-Marie par M. Pierre-René Dufour, cy-devant conseiller du Roy, et membre du Collège électoral du département de l'Orne, domicilié en la commune de Saint-Germain-le-Vieux, et par Dame Marie Gautier, épouse de M. René Potonier, maire. MM. Louis-François Desprez, adjoint, Louis Gautier, François Aubert *Chiquier*, Pierre Duteille, marguilliers. »

A quelle époque remontait la construction de cette église en ruines? Sans doute au commencement ou à la seconde moitié du XVIIIe siècle. Nous n'avons pas de détails précis. Elle n'avait aucun caractère architectural. Les fenêtres — et elles n'existaient que d'un côté — n'avaient aucun rapport entre elles ; elles étaient grandes, petites, carrées, sans ordre ni symétrie. Une seule fenêtre géminée, au chevet de l'église, avait quelque style ; mais elle était fermée à l'extérieur, et, à l'intérieur, un tableau, vieilli, sans valeur, la dissimulait à tous les regards (1).

RESTAURATION DE L'ÉGLISE

Laissons le passé. Aujourd'hui, dès que l'on a pénétré dans l'église, après une pieuse adoration au Saint-Sacrement, l'œil est satisfait des proportions élégantes du nouvel édifice. La voûte, style gothique, s'élève à une hauteur d'environ 12 mètres. Les murs et la voûte sont

(1) Les vieux chandeliers du maître-autel méritent pourtant une mention spéciale. Ils sont assez beaux et portent les armes des Grimaldi, princes souverains de Monaco, famille éteinte en ligne masculine, mais continuée, par substitution, par la

sobrement décorés, des filets rouges tracent les joints des pierres et des briques. Les arcs-

maison de Goyon-Matignon qui a pris le nom et les armes des Grimaldi.

Voici les armes des Grimaldi : *fuselé d'argent et de gueules.. couronne de prince.*

L'écusson a été limé sur plusieurs chandeliers. Pourquoi cet acte de vandalisme ?... Ce fut, sans doute, à l'époque de la Révolution.

Les armes des Grimaldi semblent être de la fin du XVII° siècle, ou du commencement du XVIII°.

Mais comment expliquer cette donation des Grimaldi à l'église de Montchevrel? Ce don fut-il fait grâce à la demande des religieux qui desservirent jadis la paroisse, et qui pouvaient être en relations avec la famille des Grimaldi? Ces chandeliers furent-ils achetés pour l'église par quelque âme bien disposée, et qui voulait soustraire à un répugnant commerce ces objets du culte ?... Proviennent-ils de quelque chapelle de Lonray ou de Gacé?.. Car les Goyon-Matignon, successeurs des Grimaldi, ont occupé longtemps le château de Lonray, et aussi une propriété seigneuriale à Gacé.

C'est un point historique de notre église assez difficile a éclaircir !...

doubleaux et nervures de la voûte retombent sur des chapiteaux, finement sculptés. Les clés de voûte, à distance égale, ont une décoration assez originale.

La première représente la Foi ; l'écusson porte une croix d'argent, rayons d'or, sur fond bleu azur ;

La seconde, l'Espérance ; une ancre, sur fond vert d'eau ;

La troisième, la Charité : sur fond rouge, avec en creux le nom du curé, et, en exergue, la date de restauration.

Le pavage a été refait à neuf, il est en carrelage mosaïque, de la maison Larmanjat, de Tours. Les nuances en sont riches, variées ; le sanctuaire et le chœur produisent un bel effet.

Les bancs ont été aussi restaurés, des boiseries de chêne décorent l'entrée, leurs portes encombrantes, qui ouvraient dans la nef, ont disparu, et l'ont rendue d'accès plus facile. M. Magnan, sculpteur à Séez, a fait ce travail. Les bancs, le confessionnal, la chaire surtout, les boiseries du chœur, les sièges, les tabourets et le lutrin ne rappellent plus le mobilier d'autrefois.

VITRAUX

Dans le chœur, deux fenêtres géminées, du style le plus pur (xiii° siècle), et dans la nef, six fenêtres, de dimensions appropriées, éclairent l'église d'une lumière doucement tamisée par des vitraux artistiques. Ils sont l'œuvre de M. Bazire, peintre-verrier à Argentan, originaire de Saint-Pierre-du-Regard, compatriote aimé de M. le Curé de Montchevrel.

Les verrières de la nef sont en grisailles, avec médaillons au . centre. Ces médaillons retracent les principaux mystères de Notre-Seigneur :—l'Annonciation, la Visitation, la Nativité du Sauveur, la fuite en Égypte, Jésus au milieu des docteurs à Jérusalem, l'atelier de Nazareth.

Ces verrières ont été données par les familles Beaudoire, Roussel, Tessier, Bunet, Lecœur, Fouchet.

Le chœur est particulièrement soigné. Des colonnettes peintes, terminées par des chapiteaux polychromés, supportent les arcs diagonaux de la voûte. Le fond de l'autel, en peinture ton pierre, avec semis de fleurs de lis et de croix, rehaussés d'or, est un travail de longue patience, et non sans mérite.

Le vitrail côté de l'évangile reproduit plusieurs scènes de la vie de saint Pierre, patron de l'église. — Jésus appelle à lui Pierre, Paul, Jacques et Jean : « Je vous ferai désormais « pêcheurs d'hommes. » — Saint Pierre, enthousiasmé, quitte sa barque, s'élance sur les eaux à la rencontre de Jésus, et, soudain, effrayé du péril, s'écrie : « Seigneur, sauvez-nous, « nous périssons. »

Dans la rosace de ce vitrail est inscrit le nom des donateurs : M. et Mᵐᵉ Potonier et leur famille.

Du côté de l'épître, le vitrail est plus curieux encore. C'est l'*Angelus* de Millet, le fameux tableau connu du monde entier, avec perspective, dans l'arrière-plan, de l'église de Montchevrel et du presbytère. L'autre baie de la fenêtre retrace une scène rustique de la vie de saint Isidore, laboureur. Isidore était esclave. Il est représenté en prière, le visage tourné vers le tabernacle ; survient son maître, courroucé de le trouver en oraison, mais son courroux devient de la stupeur, lorsqu'il aperçoit un ange conduisant la charrue et les bœufs pendant l'oraison du saint.

Saint Isidore et l'*Angelus* de Millet offrent un modèle aux ouvriers des campagnes : riches et pauvres doivent sanctifier leur travail par la prière. Alors, Dieu bénit ce travail, les familles prospèrent, elles vivent unies et heureuses.

Le nom des donateurs est déjà indiqué dans la scène du vitrail : M. et Mme Isidore Burin et leur famille.

MAITRE-AUTEL
LA VIERGE DANS SON ASSOMPTION

Dans une église, tout se rapporte à l'autel. Tout le culte sacré aboutit au divin Sacrifice. Rien n'est trop beau pour l'autel.

Le maître-autel est en pierre. Le vieux retable, style renaissance, très ouvragé, a été conservé. Il prend tout le chevet de l'église. Sa restauration a été faite, avec le meilleur goût, sous l'inspiration et la direction de M. Prempain, architecte, et, malgré la différence de style, il s'harmonise bien avec le reste de l'édifice. Quatre colonnes monolythes supportent un couronnement monumental, au sommet duquel se voit, en relief, un Père éternel, la main gauche appuyée sur le globe terrestre, et la main droite étendue pour bénir. Au-dessous du Père éternel, une blanche colombe figure le Saint-Esprit.

L'unique belle fenêtre de la vieille église, qui correspondait au milieu de ce retable, a totalement disparu. A sa place, on admire une jolie grotte. L'encadrement peint, or ombré de noir, sur fond rouge, en larges moulures de 0^m,15, est formé d'une croix inclinée, d'où tombent des épis de blé sur un ciboire et des grappes de raisin sur un calice. Deux médaillons occupent le milieu de cet encadrement : le Sacré-Cœur de Jésus et le Cœur sacré de Marie. Au-dessous, deux vases de genre, remplis de fleurs de lis, complètent l'ornementation. La grotte est éclairée de façon très ingénieuse ; le moindre nuage qui passe devant le soleil en modifie l'aspect. C'est le matin surtout qu'il faut la voir. Des visiteurs intrigués ne peuvent se rendre compte des effets de lumière. Rayonne dans cette grotte lumineuse, la Vierge de Murillo, son Assomption. Elle est en stuc, de grandeur plus que naturelle ; elle mesure 1^m,85. Les yeux, des émaux, donnent l'illusion de la vie. C'est à croire que les paupières remuent ; et les pierreries du diadème reflètent les nuances les plus délicates. Cette Vierge est portée par trois anges joufflus ; des nuages et d'autres petits anges lui forment une escorte triomphale. C'est l'Immaculée qui entre au ciel.

Donateur, M. Hupier, d'Ancinnes. Il a été heureux de l'offrir à la paroisse, en souvenir d'une parente regrettée.

Le tabernacle est en bois sculpté, avec une belle guirlande de fleurs. Le tombeau de l'autel retient l'attention. Il est dû à la générosité de Mme et de Mlle Chevalier, du Mesle-sur-Sarthe. Le panneau du centre, sculpté dans la pierre, est un travail fini : c'est la mort de la Sainte Vierge. Les deux autres panneaux représentent saint Luc et saint Jean : l'un reçut chez lui la divine Mère de Jésus, l'autre en peignit les traits sur la toile et s'inspira, pense-t-on, de ses conversations précieuses, pour écrire les premières pages de son évangile. Ces panneaux sont divisés entre eux par des colonnettes de marbre, griotte rouge, veiné. Ils composent, avec les tablettes, de même marbre, incrustées dans le premier gradin, avec la grotte et la Vierge, avec les statues de saint Pierre et de sainte Barbe et les grandes colonnes du retable, une œuvre réussie, et qui ne manque pas de valeur.

Les petits autels, même style, et décorés, comme le retable, sont dédiés, l'un à saint Joseph, l'autre au Sacré-Cœur de Jésus. Ils sont en pierre également, revêtus de marbre.

Les donateurs ont été M. Henri Maillard, chevalier de la Légion d'honneur, et Mme H. Maillard, les châtelains de Champeaux-sur-Sarthe.

Le Christ qui fait face à la chaire est le don d'une personne aussi discrète que pieuse. La mort ne lui a pas permis de réaliser d'autres généreuses intentions.

Enfin, le Chemin de Croix (1), érigé le 13 juillet 1902, dont l'artiste a si religieusement reproduit les diverses stations, avec les quatre lustres en cristaux de la nef et la statue de saint Michel, qui surmonte l'entrée de l'église, achèvent et embellissent la parure de notre œuvre de restauration.

---

(1) M. l'abbé Prunier, vicaire général et supérieur du Grand Séminaire, présida cette cérémonie, il fit le sermon, M. le Doyen de Courtomer officiait.

Ce Chemin de Croix a été fourni par la maison Moncassin, de Toulouse.

CONSÉCRATION DE L'ÉGLISE

CONSÉCRATION DE L'ÉGLISE

La *Semaine catholique de Séez*, numéro du 29 août 1902, publiait l'article suivant :

« Le dimanche 24 août, Mgr l'Évêque de Séez a consacré l'église de Montchevrel.

« Depuis plusieurs années, M. l'abbé Lory, curé de la paroisse, travaillait à la restauration de cette église, avec une énergie, une initiative personnelle et un goût dignes d'éloges. Aussi la consécration de l'église devenait-elle un événement et un jour de joie pour tous les paroissiens. Arcs de triomphe, drapeaux, oriflammes, décoration de l'église et des routes par où devait passer Sa Grandeur, le petit bourg avait pris un air de fête. Seul, le soleil manquait. Toute la journée, ce fut une pluie torrentielle. La

fête y perdit peut-être un peu de son éclat extérieur; de nombreux fidèles des paroisses voisines ne purent venir à cette cérémonie. Mais
il semblait à tous que Monseigneur aimait à
faire oublier ce fâcheux contre-temps par une
bienveillance plus grande, par son affabilité et
le charme de sa conversation. *Caritate sola-
men* (1).

« La réception solennelle de Sa Grandeur, à
l'entrée du bourg, à neuf heures, ne put avoir
lieu. M. le Curé, avec le Conseil de fabrique,
M. le Maire, M. l'Adjoint et le Conseil municipal, devaient présenter à Monseigneur leurs
hommages et souhaits de bienvenue; les enfants, groupés à chaque arc de triomphe, lui
offrir leurs naïfs compliments, des fleurs et le
tendre hommage de leurs cœurs (2). Cette première partie de la fête dut être supprimée.

« Vers neuf heures et demie, commençait la
longue cérémonie de la consécration, si impo-
sante et si pleine d'enseignements dans son
mystérieux symbolisme. Assistaient Monsei-

(1) C'est la devise de S. G. l'Évêque de Séez, Mgr Bardel :
« La consolation, la force, se trouvent dans la divine charité. »
(2) Georgette Lecœur, Édith Martin, Hélène Besnard, Léa
Boireau, étaient les enfants désignées pour prendre la parole
au nom de leurs compagnes.

gneur : M. l'abbé Girard, vicaire général, M. l'abbé Pichard, curé-doyen de Courtomer, M. l'abbé L'Héréteyre, curé-doyen de Moulins-la-Marche, M. l'abbé Pelletier, directeur au Grand Séminaire, M. l'abbé Lory, curé de Sainte-Marguerite-de-Carrouges, M. l'abbé Bocage, curé du Plantis. A midi, M. le Doyen de Courtomer montait à l'autel et célébrait le saint Sacrifice. C'était, par excellence, l'action de grâces à Dieu, offerte dans son temple restauré, consacré par les prières du Pontife, sur l'autel, tout ruisselant encore de l'huile sainte. L'église était remplie d'une foule, pieuse et reconnaissante. Pendant cette messe, l'harmonie de Montligeon, sous la direction de M. l'abbé Pitot, exécutait quelques-uns de ses morceaux, avec une précision et un vif sentiment de la musique religieuse que tous les connaisseurs apprécièrent.

« Le dîner réunit, au presbytère, de nombreux convives. A la fin du repas, M. le Curé prit la parole.

« Il félicita Monseigneur d'avoir bien voulu accorder les honneurs de la consécration à l'église de Montchevrel. « Cette restauration, du « reste, était son œuvre, il l'avait bénie et en- « couragée. » M. le Curé remercia aussi, avec cœur et avec esprit, ses honorés convives, M. le Maire et Messieurs les Conseillers, les principaux bienfaiteurs de l'église, et il termina son toast en portant la santé de Sa Grandeur. »

La *Semaine catholique* ne donnait pas ce toast, en voici le texte complet :

« MONSEIGNEUR,

« Il y a temps pour tout », nous dit le Sage, au livre sacré de l'*Ecclésiaste*. Son énumération est même très longue. « Il y a, dit-il, le temps de naître et le temps de mourir ; le temps de planter et le temps de récolter... » J'abrège... « Le temps d'extraire les pierres et le temps de bâtir un édifice avec ces pierres, — *tempus spargendi lapides et tempus colligendi, et tempus ædificandi...* », — ce qui a été tout à fait notre cas. Monseigneur, ce temps est passé pour nous... Encore, « le temps de se taire, *tempus tacendi* ; ah ! nous avons été très discrets, dans notre restauration. Tous ceux qui l'ont faite, j'entends, de leur bourse et de leur cœur, ne se connaissaient pas entre eux, et personne ne les connaissait.

« Je crois que le temps de parler est venu, *tempus loquendi*.

« Monseigneur, je ne vous parlerai pas de ma

paroisse; nous en parlerons, plus longuement, à l'église. Pourtant, malgré moi, me revient, avec une légère variante, le mot de ce prédicateur distingué (1), un prêtre de votre choix, qui nous disait, à la retraite dernière : « Une église est « comme le thermomètre de la foi d'une popula- « tion. » C'est vrai à Montchevrel, Monseigneur, la foi y est toujours saine et vaillante ; sans s'élever à une température de chaleur excessive, elle est bien au-dessus de zéro. Les œuvres le prouvent.

« C'est donc le temps de parler, *tempus loquendi*. Monseigneur, la restauration de notre église est votre œuvre. M⁕ Trégaro en avait béni l'idée. Votre Grandeur a présidé à son exécution par ses conseils et ses encourage- ments. Votre présence parmi nous, en ce jour de fête, et la solennelle consécration que vous avez donnée à notre église, ont mis le comble à nos vœux et à notre joie. A vous, gloire, honneur et merci !

« Honneur et merci à M. le Maire, toujours vigilant pour les intérêts de Montchevrel et plein de bienveillance ; honneur et merci à Messieurs du Conseil municipal, à M. le Président et à

(1) M. l'abbé Gély, vicaire général de Rodez.

Messieurs les membres de la Fabrique. Leur concours nous a été précieux. '

« Honneur et merci à Mme et à Mlle Chevalier. Toutes les églises de la contrée connaissent leur générosité. Notre église leur doit le maître-autel. « Nous nous souviendrons de la famille « Chevalier à l'autel du Seigneur. »

« Honneur et merci à M. Hupier, d'Ancinnes ! Il nous a donné la statue mystique de la Vierge qui décore le retable. La Vierge Marie ensoleillera son existence et le bénira !....

« Honneur et merci à M. et Mme Henri Maillard ! Leurs libéralités pour les églises s'étendent de New-York à Champeaux-sur-Sarthé, et jusqu'à Montchevrel. Ils nous ont offert les petits autels et le bel ornement en drap d'or.

« Honneur et merci à M. le Doyen de Courtomer ! Depuis moins de trois ans, nous faisons notre possible, dans le canton, pour l'habituer à ces sortes de fêtes, puisque c'est la quatrième consécration d'église qu'il préside aux côtés de Votre Grandeur (1) !

----

(1) Le 23 mars 1901, Mgr Augouard, évêque de Sinita, consacrait l'église de Ferrière-la-Verrerie.

Le 7 juillet 1901, Mgr Bardel consacrait l'église du Plantis.

Le 13 octobre 1901, Mgr Bardel bénissait l'église restaurée de Brullemail.

« Honneur et merci à vous, Monsieur Prempain, à vous, Monsieur Hyaumet, qui nous avez été d'un si grand secours dans cette œuvre, et si désintéressés.

« Honneur et merci à vous, M. le Vicaire général, à vous, M. l'Économe du Grand Séminaire, à vous tous, Messieurs et chers confrères, à vous, M. le Doyen de Moulins, tout désigné pour être le prédicateur de cette fête, car vous avez fait vos preuves dans la restauration des églises ; vos études et vos voyages vous y avaient préparé.

« Honneur et merci à vous tous, chers et honorés convives, chers et vénérés parents, à tous nos bienfaiteurs présents et absents !

« Monseigneur, je suis heureux et très honoré de porter la santé de Votre Grandeur, *ad multos annos*, et merci.

« A votre santé, Mesdames, Messieurs !

« Vive Monseigneur !

« Vive la paroisse de Montchevrel ! »

La *Semaine catholique* continue :

« Monseigneur manifesta une évidente satisfaction de l'œuvre accomplie. Il loua M. le Curé de son zèle pour la maison de Dieu, et, avec cet à-propos, cette délicatesse, ce tact parfait que tous connaissent, il se dit heureux de féliciter et de remercier tous ceux qui avaient contribué, de leur bourse et de leur cœur, à la restauration, si intelligemment faite, de l'église de Montchevrel. Il eut un mot aimable et choisi pour tous, et en particulier pour M. Prempain, architecte, et pour l'entrepreneur, M. Hyaumet..

« Mais déjà c'est l'heure des Vêpres. Après leur grand'messe et malgré la pluie, quelques prêtres étaient venus se joindre au cortège d'honneur de l'Évêque : un jeune prêtre espagnol, de passage à La Chapelle-Montligeon, et qui avait remplacé M. le Curé du Plantis, M. l'abbé Ch. Morin, curé de Saint-Aubin-d'Appenay, M. l'abbé Mahérault, curé du Chalange, M. l'abbé Tessier, curé de Champeaux-sur-Sarthe, et M. l'abbé Pont, vicaire à Courtomer. Leur présence témoignait de la sympathie pour le Curé et pour la paroisse de Montchevrel.

« Monseigneur préside les Vêpres au trône. Après le chant des psaumes, il s'avance, à l'entrée du chœur, les enfants lui offrent des fleurs et de gracieux compliments, il les bénit.

Alors M. le Curé exprime à Monseigneur sa joie, la joie et la reconnaissance de tous. A grands traits, il rappelle l'histoire religieuse de la paroisse de Montchevrel, la nécessité d'une restauration de l'église, complète et définitive, la bonne volonté de tous, les efforts, les travaux accomplis, sous la paternelle bénédiction des évêques de Séez.

« MONSEIGNEUR,

« La paroisse de Montchevrel est heureuse de posséder aujourd'hui son évêque. C'est un grand honneur pour nous ; votre présence et la consécration solennelle de notre petite église donnent à nos efforts et à nos travaux la plus précieuse récompense. Les mots me manquent pour vous témoigner notre joie et notre reconnaissance : tout ce qu'il nous a été possible de faire pour accueillir Votre Grandeur, nous l'avons fait, et j'ose ajouter que notre joie sera entière, si vous daignez agréer l'hommage de notre piété filiale, de notre vénération, de notre docilité parfaite à vos enseignements et à vos conseils.

« La paroisse de Montchevrel est une des plus anciennes du diocèse. L'église était dédiée à

saint Pierre, *sanctus Petrus de Monte Capreoli,*
Saint-Pierre de Montchevreuil, comme quelques-uns disent encore. Elle portait ce nom dès
le XIIᵉ siècle. Elle fut donnée à l'abbaye de
Tyron, au diocèse de Chartres, par Guillaume,
seigneur de Tousvoies, vers 1160. L'abbé de
Tyron faisait desservir Montchevrel par ses
religieux, car le souvenir s'est conservé, parmi
nous, d'un prieuré, dont l'église occupait l'em-
placement actuel du chœur (1). Ce lieu est donc
trois fois saint : depuis des siècles, Dieu y est
aimé, servi, adoré ; le divin sacrifice de l'autel
y est offert. Et les rites sacrés de la consécration, accomplis dans cette église par le Pontife
du Très-Haut, nous la rendront plus chère
encore ; nos prières seront plus pieuses, nos
adorations plus humbles, les bénédictions et
les grâces de Dieu plus abondantes.

« A la veille de la Révolution, en 1791, le curé
était M. Pierre-Vincent Mangeard, né à Mesnil-
Scelleur, d'une famille profondément chré-

____

(1) Peut-être le prieuré n'existait-il point en réalité ?... Il arri-
vait parfois que le curé était désigné par un supérieur d'abbaye,
pour desservir une paroisse. On donnait alors communément
a ce curé, chargé de la paroisse, le nom de Prieur.

Un des meilleurs herbages de Montchevrel porte le nom de
« Cour du Prieur ».

tienne. Il dut quitter la paroisse et s'exiler.
De 1792 à 1798, les registres paroissiaux mentionnent un curé jureur, un sieur Duval. Il
est à supposer qu'il continua, quelques années
encore, d'exercer son triste ministère d'intrus
et de schismatique. Mais, dès 1798, M. Mangeard était de retour à Montchevrel : nous avons
des actes de lui. En 1804, M. Mangeard, alors
âgé de quarante-neuf ans, devint curé de Sainte-
Marie-la-Robert. Ses notes de l'évêché, signées
de M. Legallois, vicaire général, portaient :
« prêtre instruit, très aimé ».

« Durant tous ces malheurs, le temps qui
détruit tout, *tempus edax*, faisait son œuvre ;
l'église avait besoin de réparations. En 1811, le
Conseil de fabrique évaluait les travaux nécessaires de restauration à 4,026 francs ; et, provisoirement, des étais, fournis par les membres
du bureau, soutenaient, tant bien que mal, les
murs branlants. Détail assez pittoresque : pour
mieux appuyer le côté nord de l'église, dépourvu
de fenêtres, on bâtit contre ce mur la sacristie
et de lourds contreforts.

« Ce travail laissait peut-être à désirer au
point de vue de l'élégance... La commune paya
ces travaux. En 1828, la fabrique fit elle-même

quelques - réparations. Vers 1850, nouvelles délibérations de la fabrique et de la commune ; la solidité du chœur et du mur, côté sud, à son tour, était compromise. De ce côté aussi, on établit des contreforts. C'était du provisoire. Ainsi, on peut dire, un siècle se passe en délibérations et en réparations partielles, toujours faites au moment où elles devenaient absolument nécessaires.

« Mais à cette époque, en 1850, l'évêque du diocèse, M⁰ᵣ Rousselet, vint donner la confirmation à Montchevrel. Cette visite épiscopale, la première sans doute des évêques de Séez à cette humble paroisse, — lui porta vraiment bonheur. Désormais ils la visiteront souvent. M⁰ᵣ Rousselet revint en 1873 et posa la première pierre du presbytère. Ce fut l'une des idées suivies de son long épiscopat : assurer le logement convenable de ses prêtres.

« M⁰ᵣ Trégaro me confia cette paroisse en février 1894. Bientôt nous eûmes la faveur d'une mission, et M⁰ᵣ Trégaro vint lui-même bénir notre beau calvaire, souvenir aimé de cette mission, qui avait produit les meilleurs fruits dans les âmes. L'édifice spirituel était rajeuni et remis en bon état.

« Une autre œuvre s'imposait, la restauration de l'église. Une catastrophe était à craindre. Le mieux semblait d'en arriver à une restauration complète et définitive. Dieu bénit notre bonne volonté et le désir de tous. En 1898, grâce aux sommes votées par le Conseil municipal ; grâce aussi à des dons importants, à des quêtes, même en dehors de la paroisse, et souvent pénibles, nous avions reconstruit la toiture, la sacristie et le chœur. Ce fut à cette époque que Votre Grandeur, au retour de Courtomer, malgré les fatigues d'une tournée pastorale, voulut bien venir, tout exprès, à Montchevrel, entrer dans notre église, à moitié restaurée, y célébrer un salut solennel, nous bénir et nous encourager. Cette marque particulière de bonté nous alla droit au cœur. Nous devions nous efforcer de n'être pas trop indignes de cette sollicitude paternelle. Nous avions déjà fait beaucoup. Il restait davantage à faire. C'étaient les ouvertures de la nef, qui l'emplissent maintenant de lumière, ainsi que le chœur ; c'étaient la voûte, les verrières, le mobilier, le pavage, les petits autels, et, à l'extérieur, plusieurs contreforts qui, à leur tour, devaient être refaits ou consolidés. Dieu soit loué ! La Providence nous a permis d'achever ces travaux, et, en ce jour de fête, nous sommes heureux de vous présenter notre chère église complètement restaurée et transformée.

« L'extérieur, au premier coup d'œil, semble ne pas répondre tout à fait à l'intérieur : la vigilance du Conseil municipal se propose d'exécuter, à bref délai, les travaux complémentaires.

« En votre présence, Monseigneur, devant la paroisse assemblée, je tiens à dire que commune et fabrique sont libérées de toute dette concernant la restauration de l'église.

« Ainsi, Monseigneur, la bonne volonté de nos paroissiens, la générosité d'un grand nombre qui se sont imposé de réels sacrifices et les larges offrandes de bienfaiteurs, étrangers à la paroisse, ont réalisé cette œuvre nécessaire. Toutes les corvées, charrois et le reste, ont été faits de plein gré, à titre gracieux et chrétien. Les vitraux de la nef et du chœur, le chemin de croix, les autels, une belle chasuble en drap d'or, attesteront longtemps l'esprit de foi des donateurs. Quant à la statue de saint Michel qui garde l'entrée de l'église, elle reprend une vieille tradition. Saint Michel, jadis si populaire en Normandie, était ici honoré d'un culte spécial. Il y avait un autel. En 1807, pour réparer cet autel, la fabrique dépensa 47 livres 15 sols. Qu'est devenu cet autel ? Aucune trace n'en est restée...

« Jusqu'à ce jour, le mot de saint François de Sales, je crois, « le bien ne fait point de bruit, « le bruit ne fait point de bien, » a été pratiqué à la lettre dans notre œuvre de restauration. Paroissiens et curé, tout le monde était discret. C'est seulement aujourd'hui que les bienfaiteurs de cette église vont se connaître les uns les autres et être connus. Le double tableau commémoratif des bienfaiteurs, placé hier au bas de la nef, a fait cette révélation. Après la discrétion, recommandée par Notre-Seigneur lui-même, il était juste de manifester tous ces actes de pieuse libéralité, afin d'édifier ceux qui les voient et d'en reporter toute gloire à Dieu, notre Père céleste.

« Il est aussi des bienfaiteurs de cette église à qui je dois un hommage public de reconnaissance : ce sont les monastères, les couvents et communautés de religieux et de religieuses qui, sans connaître la paroisse de Montchevrel, nous ont envoyé plus de deux mille francs.

· , « Quelle tristesse de penser que, demain peu
être, ils seront dispersés, exilés !... Ces rel
gieux et religieuses, sont des citoyens d'élite
ils ne font que le bien ; ils prient, travaillent
se dévouent pour la prospérité du pays et
gloire de l'Église. La France, terre choisie de
liberté, du droit; de la justice, ne peut oublie
dans l'ingratitude, tout ce que firent pour el
les ordres monastiques.

. « Monseigneur, avec cette bienveillance, qu
vous attache tous les cœurs, vivante image d
la bonté du divin Maître, vous venez de béni
les petits enfants ; maintenant, avec la mêm
affection paternelle, bénissez les plus grand
le pasteur, et le troupeau. La consécration d
notre petite église laissera dans le cœur de tou
un impérissable souvenir.

, « Soyez béni et remercié, Monseigneu
d'avoir bien voulu nous donner ce haut témoi
gnage d'honneur et de bonté. Heureux d'avoi
offert à votre solennelle consécration un templ
moins indigne du Dieu qui l'habite, je vou
demande encore d'être notre interprète auprè
de son infinie majesté, afin qu'il ait en s
sainte amitié tous les membres de cette paroisse
tous nos bienfaiteurs vivants et défunts.

« Que la foi, la piété, l'esprit d'union et de paix règnent parmi nous, et que cette église rajeunie soit pour chacun de nous la porte du ciel ! »

La *Semaine catholique* termine :

« Ce discours est écouté avec beaucoup d'attention par la nombreuse assistance.

« Monseigneur, dans sa réponse, dit avec quel intérêt il a entendu l'histoire de Montchevrel ; il adresse ses paternelles félicitations et ses remerciements à M. le Curé, à tous les généreux bienfaiteurs de cette œuvre de restauration. Il prie Dieu de les en récompenser comme ils le méritent. Il enseigne à toute la paroisse assemblée, religieusement attentive, que l'église est la Maison de Dieu, mais aussi la vraie maison commune de la famille, le lieu, trois fois saint, où tous, grands et petits, doivent venir prier, pleurer, se réjouir, chercher la force et la consolation dans les défaillances et les épreuves, la paix et la vie surnaturelle de l'âme.

« M. le Curé-Doyen de Moulins était bien le prédicateur tout désigné de cette fête, par ses voyages, ses études et ses travaux de restauration de l'église de Bellou-sur-Huisne. Son discours ne déçut les espérances de personne : vues profondes, larges considérations historiques et théologiques sur le culte divin et sur les édifices religieux, conclusions pratiques, bien à la portée de son pieux auditoire. M. le Doyen sut plaire et instruire : la foi et la piété de tous en seront augmentées.

« La bénédiction des statues de saint Pierre, de sainte Barbe, de saint Michel, du Sacré-Cœur de Jésus, de saint Joseph et de la Très Sainte Vierge, rayonnante de fleurs et de lumières, dans la jolie grotte du retable, et le Salut solennel du Très Saint Sacrement, terminèrent la cérémonie.

« Du balcon du presbytère, Monseigneur donne une dernière bénédiction à la foule. Les paroissiens de Montchevrel et les heureux invités de cette fête n'oublieront point cette journée si douce, si pieuse, si grande par les cérémonies de la consécration et la présence de l'Évêque. »

L'église est la Maison de Dieu parmi nous.

« C'est ici que mon nom sera adoré, dit le
« Seigneur, ici que j'exaucerai vos prières :
« demandez et vous recevrez; cherchez et vous
« trouverez; frappez et je vous ouvrirai !...
« C'est ici la Maison de Dieu et la porte du
« ciel. »

Remercions Dieu de ce qu'il daigne ainsi
habiter parmi nous, ne pénétrons jamais dans
son temple qu'avec crainte, respect et amour.
Demandons-lui pardon de nos distractions
volontaires et de nos irrévérences dans le lieu
saint.

« O Dieu qui, dans vos saints, préparez à
« votre majesté un temple de pierres vivantes
« et choisies pour y faire éternellement votre
« demeure, venez au secours de votre peuple
« en prière, afin que votre Église, en même
« temps qu'elle voit multiplier les temples ma-
« tériels, prenne aussi des accroissements spiri-
« tuels. Par Jésus-Christ Notre-Seigneur !... »

(Postcommunion de la messe de la Dédicace.)

Notre Père qui êtes aux cieux...

Je vous salue, Marie, pleine de grâces...

Seigneur, je crois en vous.

Mon Dieu, j'espère en vous.

Mon Dieu, je vous aime de tout mon cœur.

Pardonnez-moi, Seigneur, parce que j'ai beaucoup péché !

Sacré-Cœur de Jésus, ayez pitié de nous !

O Marie conçue sans péché, priez pour nous qui avons recours à vous !

Saint Joseph, intercédez pour nous !

Saint Pierre, sainte Barbe, saint Michel, priez pour nous !

Loué et adoré soit à jamais Jésus-Christ au Très Saint Sacrement de l'autel !

Nous ajoutons quelques pages supplémentaires.

C'est d'abord la bénédiction du calvaire, avec un article paru dans les journaux de l'Orne ;

Ensuite, la liste des curés et vicaires qui ont desservi la paroisse, depuis 1789 ;

Une courte notice sur la Charité ;

Les noms des conseillers de fabrique et des conseillers municipaux, durant la période de restauration, 1897-1902 ;

Les noms des employés de l'église, l'année de la consécration, et des familles hospitalières qui, le 24 août 1902, reçurent, gracieusement, à leur table, les membres de l'harmonie de Montligeon ;

Enfin, le double tableau commémoratif des bienfaiteurs de l'église, et le nécrologe de ceux que Dieu a rappelés à lui pendant le cours des travaux.

BÉNÉDICTION DU CALVAIRE

BÉNÉDICTION DU CALVAIRE

———

La bénédiction du calvaire eut lieu le 25 mai 1896.
Nous reproduisons simplement l'article des journaux
sur cette cérémonie :

« Le lundi de la Pentecôte, les prêtres du canton
de Courtomer, quelques ecclésiastiques des cantons
de Séez, du Mesle et de Bazoches, M. Potonier, conseiller d'arrondissement, nouveau maire de Montchevrel, et le Conseil de fabrique, partageaient au presbytère un fraternel déjeuner. Mgr Trégaro, évêque
de Séez, l'honorait de sa présence et faisait rêver,
dans son ardent amour pour l'Église et la France,
à ces fameux capitaines de la Vendée qui, à une
époque néfaste, comme la nôtre, mais moins déplo-
rable peut-être, défendirent avec tant d'héroïsme la
religion, la patrie, la justice et la liberté. On admi-
rait avec une religieuse émotion, on écoutait, le cœur
brûlant, comme les disciples d'Emmaüs, la parole
vibrante et enflammée de ce vénéré prélat, toujours
sur la brèche, à l'heure critique, quand il s'agit de

défendre l'honneur de la France et l'Église persécutée ; et on s'estimait fier d'avoir pour évêque un des fils illustres de cette vieille Bretagne, dont la devise est : « *Plutôt la mort que le déshonneur !* « *Potius mori quam fœdari.* »

« A deux heures et demie, le clergé venait chercher en procession Sa Grandeur au presbytère. Joyeux et nombreux étaient les habitants de la paroisse et des paroisses voisines, accourus pour contempler leur évêque bien-aimé et pour recevoir sa bénédiction. On n'avait jamais vu d'évêque, à Montchevrel, présider aussi touchante et aussi brillante manifestation religieuse.

« L'église, malgré son délabrement et ses fenêtres, si peu convenables pour un édifice religieux, avait été décorée, avec un goût exquis, par M. le Curé, et présentait un coup d'œil ravissant. On voyait, dans le chœur, un brancard gracieusement orné par des mains délicates, sur lequel reposait un admirable Christ de Bouchardon, d'un mètre soixante-quinze, artistement peint par M. Barillet, d'Alençon.

« A la fin des vêpres, après une quête fructueuse faite par Mlle Marthe Potonier, six hommes vigoureux enlèvent le brancard sur leurs épaules. On s'avance processionnellement, au chant des cantiques, par les rues, dont les ornementations verdoyantes, les poteaux garnis d'oriflammes variées et d'écussons, et les arcs de triomphe font honneur à la population. On arrive à l'intersection des routes de Mamers à Gacé et de Séez à Mortagne, où se dresse une superbe croix en beau granit d'Alençon, sorti des carrières de M. Hommey.

« Pendant que l'on monte et place le Christ, au milieu

de l'attention de la foule recueillie et pieuse, on chante avec entrain les cantiques : ·

« Salut, salut, Croix auguste et sacrée...

« Et :

> O Croix chérie,
> Croix du Sauveur,
> Sur la foule qui prie
> Étends ton bras vainqueur.

« Ensuite le silence se fait, M. l'abbé Racine, missionnaire de Tinchebray, qui, quelques mois auparavant, de concert avec M. l'abbé Surbled, dont il excuse aujourd'hui l'absence regrettée, mais nécessitée par ses travaux apostoliques, avait donné aux habitants une mission sympathique et féconde, parle, en termes éloquents et goûtés par toute l'assistance, de la Croix, étendard du chrétien, qui n'en doit jamais rougir, des devoirs qui lui sont dus et des enseignements qu'elle donne à tous.

« Après la bénédiction solennelle du nouveau calvaire, M. le Curé, se faisant l'interprète de tous, exprime à Monseigneur sa reconnaissance, celle de la fabrique et de la paroisse, de ce que Sa Grandeur a daigné exaucer leurs vœux, en venant Elle-même présider cette touchante fête de famille, et bénir ce beau calvaire, œuvre exclusive des paroissiens, qui n'a grevé en rien le modeste budget de la fabrique, et digne couronnement d'une mission parfaitement réussie, malgré les temps si tristes que nous traversons ; mission qui par là même fait le meilleur éloge de ceux qui l'ont prêchée et dont les résultats salutaires continuent à se produire, puisque le pasteur a eu la joie de réconcilier, pendant les dernières Pâques, une douzaine de retardataires. Après un mot sur l'état satisfaisant, dans la paroisse, des œuvres chères à Monseigneur, et l'éloge mérité de la générosité de ses paroissiens, M. le Curé termine en souhaitant que la municipalité et la fabrique s'entendent pour travailler ensemble, le plus tôt possible, à la restauration urgente de l'église, œuvre capitale, mais dont le succès n'est pas douteux ; si l'on daigne seconder le pasteur, il se fera de nouveau et avec plaisir leur auxiliaire dévoué.

- « Monseigneur, avec son tact ordinaire, félicite les paroissiens, la municipalité et la fabrique de leur générosité et de leurs excellents rapports administratifs. Sa Grandeur savait, du reste, les dispositions religieuses de la population, et Elle connaissait celui qu'Elle envoyait comme pasteur. Il a parfaitement répondu aux vues de son évêque. Sa piété et son zèle ne se ralentiront pas, les paroissiens continueront de le comprendre, le bien s'opérera et se perfectionnera dans l'ordre moral, comme dans l'ordre matériel.

« Toute l'assistance semble applaudir aux paroles de son évêque. Ce qui veut dire qu'elle comprend à merveille. La cérémonie terminée, on revient à l'église en procession, au chant des litanies de la Vierge. Monseigneur donne la bénédiction du Très Saint Sacrement. L'assistance, le clergé en tête, le reconduit au presbytère, où, du haut du balcon, Sa Grandeur bénit une dernière fois la foule agenouillée.

« Chacun se relève heureux et dit en rentrant chez soi : « Voilà certes une belle fête, une fête complète. « Ah ! si l'église était restaurée, il ne manquerait plus « rien à Montchevrel ! »

« Elle le sera bientôt, certainement, et d'une façon convenable. Monseigneur reviendra pour la bénir. Ce sera une nouvelle fête, plus belle encore que celle d'aujourd'hui, et qui fera plus d'honneur aux autorités civiles et religieuses, ainsi qu'aux habitants. Aussi, Sa Grandeur, en quittant M. le Curé et le Conseil de fabrique, a-t-Elle dit : « Au revoir, Messieurs, au « revoir et non pas adieu ! »

Un Témoin.

Les paroissiens liront sans doute avec plaisir l'allocution de M. le Curé à Mgr Trégaro.

Monseigneur,

« Permettez-moi d'être, un moment, l'interprète des bons sentiments de mes chers paroissiens, et de vous exprimer, en leur nom et au mien, toute notre reconnaissance la plus sincère, pour l'honneur insigne que Votre Grandeur daigne nous faire, en venant présider cette fête de famille. Cette fête attestera longtemps la foi et les sentiments chrétiens de la paroisse.

« Il y a deux ans, lorsque Votre Grandeur m'envoya à Montchevrel, Elle voulut bien me dire qu'Elle me confiait une bonne paroisse. Il m'a été souvent donné, Monseigneur, de reconnaître la parfaite exactitude de votre appréciation. L'empressement des habitants de Montchevrel accourus, aujourd'hui, pour contempler leur évêque vénéré et recevoir sa bénédiction, offre une preuve nouvelle et incontestable de leur piété et de leurs sentiments religieux.

« Du reste, Monseigneur, votre présence n'est pas

nécessaire ici pour que votre autorité paternelle y soit respectée : mes paroissiens se font toujours un devoir d'écouter votre parole, d'exécuter vos ordres, de suivre vos charitables conseils.

« Les œuvres prescrites par Votre Grandeur tiennent une haute place dans leur estime. Le denier de Saint-Pierre, en particulier, produit, régulièrement, une somme assez élevée. La Propagation de la foi compte plusieurs associés, et la Sainte-Enfance un certain nombre de séries.

« Les offices de chaque dimanche bien suivis, l'empressement et la docilité avec lesquels tous, en général, ont répondu aux bienfaits d'une mission, l'accomplissement fidèle du devoir pascal, cette année, sont un sûr témoignage de l'esprit chrétien qui règne parmi nous. La grâce a touché bien des âmes ; puisse-t-elle continuer son œuvre salutaire, maintenir les uns et fortifier les autres !...

« Jusqu'ici, Monseigneur, les appels fréquents faits à la générosité de mes paroissiens ont trouvé un écho digne d'éloges. Aussi la mission dont Votre Grandeur m'a chargé, lors de ma nomination à Montchevrel, de concourir à la restauration qui s'impose, de plus en plus, de notre église paroissiale, me sera-t-elle rendue facile.

« Pour réaliser vos désirs, Monseigneur, je suis convaincu que la Commune et la Fabrique, d'un commun accord, se partageront les charges, et concourront à l'honneur de la paroisse, à la gloire de Dieu.

« D'ailleurs, jusqu'à ce jour, la Fabrique, sans ressources aujourd'hui, il est vrai, a supporté, seule, depuis longtemps, la lourde charge d'entretenir et de réparer l'église et le presbytère. Sa gestion a été irréprochable, mais elle s'est heurtée à l'impossibilité absolue de réaliser des économies. Tout ce qu'elle a pu faire a été d'avoir évité des dettes ou des emprunts. Le calvaire, l'objet de cette fête, est dû exclusivement aux généreuses offrandes des paroissiens. Chacun, selon ses facultés, a contribué à son érection.

« De ce juste hommage, rendu aux sentiments religieux de ma paroisse, faut-il conclure que tout y est parfait, et qu'il ne se rencontre point, selon le mot de l'Évangile, « d'ivraie parmi le froment » ?...

« Je veux bien croire à l'absence de l'ivraie ; mais, peut-être, y a-t-il, dans le champ que Votre Grandeur m'a confié, quelques épis trop lents à se développer...

« Soyez donc le bienvenu au milieu de nous, Monseigneur ; votre bénédiction portera ses fruits : elle hâtera la maturité de ces épis en retard, et donnera aux autres un surcroît de vigueur et de richesse, pour l'édification de tous et la gloire de Dieu. »

LISTE

DE MM. LES CURÉS ET VICAIRES
qui ont desservi la paroisse depuis 1789

Avant M. l'abbé Mangeard, curé, dont le nom figure
en 1791, le souvenir s'est conservé d'un autre curé,
M. l'abbé Marchand. On rapporte qu'il était d'une force
prodigieuse.

En 1792, M. Duval, prêtre assermenté, schismatique...

En 1798, nous retrouvons M. Mangeard à la tête de
la paroisse. Il est revenu de l'exil. En 1804, après la
réouverture officielle de l'église au culte catholique,
M. Mangeard quitta Montchevrel pour la cure de
Sainte-Marie-la-Robert.

En 1804, M. l'abbé Descours lui succède. Il réorga-
nise la « Charité Saint-Pierre de Montchevrel »,
en 1807. En 1809, il fait l'acquisition des deux cloches ;

il restaure l'église en 1815. En 1829, l'Évêque lui
donne un vicaire auxiliaire, M. l'abbé DUBOURG. Mais
ce vicaire ne fit que passer ; en 1831, il était nommé
curé du Chalange, ensuite curé du Cercueil, doyenné
de Carrouges, où il mourut.

———

M. l'abbé PIGET, jeune prêtre, succéda à M. DUBOURG
comme vicaire ; il exerça pendant deux ans les fonctions vicariales, et, à la mort de M. DESCOURS, survenue
en 1833, devint curé de Montchevrel. Il alla terminer
sa carrière sacerdotale à l'Hôme-Chamondot.

———

En 1854, M. l'abbé VICTOR, curé très zélé pour les
cérémonies, donna à la paroisse une véritable célébrité. La beauté et la variété des ornements, le nombre
des chantres, porte-chapes et enfants de chœur, la
majestueuse organisation des offices, le chant du pasteur très sympathique, attiraient à l'église, aux jours
de fête, non seulement les paroissiens de Montchevrel,
mais encore de nombreux fidèles des paroisses voisines. En 1864, il quitta Montchevrel pour Cisay-Saint-
Aubin ; et, après avoir occupé divers autres postes
l'aumônerie du collège d'Argentan, celle du Sacré-
Cœur à Mortagne, etc..., il mourut curé de la Perrière

———

M. l'abbé BEUNET, précédemment vicaire à Domfront
occupa la cure en 1865. Il y arriva précédé d'une
réputation de théologien, de prêtre instruit et tou
dévoué au bien des âmes. Il fut, à Montchevrel, très
charitable pour les pauvres. Il était très fidèle à tous
ses devoirs. Il avait une volonté d'une énergie tenace,
des intentions excellentes, mais sa volonté, il faut le

reconnaître, manquait de souplesse et de moelleux. Souvent, dans ses relations avec les paroissiens, le défaut de ses qualités se fit jour. Un caractère difficile peut-être, des paroles trop peu mesurées, lui créèrent, parfois, de sérieux ennuis. Mais la paroisse lui est redevable de la construction du presbytère. Il avait obtenu aussi de la famille Beaudoire, au nom de la Fabrique, le terrain où s'élève le calvaire. Il fut frappé d'apoplexie, un dimanche, lorsqu'il allait commencer la sainte Messe, au retour de la procession. C'était en 1894. On attribua cette mort imprévue à l'émotion, trop vivement ressentie, la semaine précédente, de la mort subite de deux paroissiens. Il emporta l'estime de tous : les paroissiens le lui ont témoigné.

A la mort de M. Beunet, M. l'abbé Rombault, curé-doyen de Messei, écrivit, dans la *Semaine catholique*, un article plein d'éloges, et non exempt d'une amicale critique, sur son excellent ami et condisciple.

Nous en citons quelques extraits :

« La population de Domfront était, dès lors, — en 1853, — féconde en hommes cultivés qui ne tardèrent pas à reconnaître le mérite de leur jeune vicaire, M. l'abbé Beunet.

« Philosophie, science sociale, notions de droit, connaissance des meilleurs écrits qui se publiaient sur les questions du jour, M. Beunet était au courant de tout et en parlait pertinemment.

« Il était, en même temps, la providence des petits et des humbles ; quelques-uns l'appelaient « le prêtre « des chaumières ».

« Lorsque, le 20 octobre 1864, il quitta Domfront,

pour se faire installer curé de Montchevrel, il y laissa, avec d'honorables amitiés, le renom d'un prêtre appliqué aux obligations de son sacerdoce et charitable envers les pauvres. A Montchevrel, M. l'abbé Beunet continua à mener sa vie d'étude, de zèle et de charité.

« A ce moment, la lutte était durement menée contre l'Église. M. Beunet nourrit son intelligence de tout ce que la défense de la religion inspirait à nos plus grands évêques et à nos polémistes catholiques.

. . . .

« Ce qu'il lisait servait, selon l'opportunité des circonstances, d'aliment à ses prônes. Il y puisait aussi la matière des joutes où il s'engageait volontiers. Naturellement enclin à la lutte, son but, dans les discussions, n'était pas de blesser, mais de procurer le triomphe de ce qu'il croyait être juste et vrai.

« Ce prêtre, à l'humeur militante, avait un cœur d'or. Pauvre des biens de la terre, il savait, sous l'impulsion de sa charité, trouver des ressources qu'il distribuait en secret. Ceux qui lui servaient d'intermédiaires recevaient cette consigne : « Remettez ce pain, « ces vêtements à telle famille, mais ne dites pas d'où « ils viennent. »

« L'humble prêtre voulait, selon le précepte de l'Évangile, que la main gauche ignorât les œuvres de la main droite. Ce trait n'a été révélé qu'après sa mort.

« Ainsi a vécu M. l'abbé Beunet, à Montchevrel, pendant près de trente ans. »

M. l'abbé Rombault retraça, dans la cérémonie des funérailles, la scène émouvante de la mort du pasteur.

« ... Le peuple était assemblé dans cette église, le 21 janvier 1894, pour l'audition de la sainte Messe, et le prêtre, après l'avoir purifié par l'aspersion de l'eau bénite, allait bientôt monter à l'autel. Là il devait lire les paroles du psaume XVII : « *Circumdederunt me* « *gemitus mortis ; dolores inferni circumdederunt me :* « les angoisses de la mort m'ont environné, et j'ai été « investi par les douleurs du tombeau ! »

« Ces paroles, votre pasteur n'a pu les prononcer, mais elles sont devenues pour lui une réalité saisissante. Le mal soudain qui l'avait arrêté au pied de l'autel, c'était l'envahissement de la mort.

« M. Beunet demanda vite un prêtre. Il se confessa, communia, reçut l'extrême-onction des mains de M. le Curé de Laleu. Sa foi et sa résignation furent admirables.

« Une seule chose le préoccupait, c'était la pensée du purgatoire. A ceux qui le visitaient, il disait d'une voix suppliante : « De grâce, priez pour moi et ne me « laissez pas souffrir dans le purgatoire !... »

« Il expira le lundi matin, vers 10 heures ; ses funérailles, célébrées le jeudi suivant, 25 janvier, furent des plus solennelles. »

M. l'abbé Lory, curé du Bouillon, fut nommé curé de Montchevrel, en février 1894...

LA CHARITÉ

On lit les lignes suivantes, dans un registre paroissial, sous le titre : *Réinstitution de la Confrérie de Saint-Pierre-de-Montchevrel,* — année 1807.

« Le lundi 29 juin 1807, jour saint Pierre et saint Paul, se sont assemblés, au son de la cloche, tous les frères qui composent le rétablissement de cette noble Charité, premièrement élue pour servir Dieu et notre Mère la sainte Église, en la dite Charité, et ont fait le serment de remplir les fonctions qui leur sont déléguées par leurs règles et statuts, tels qu'ils étaient avant la Révolution de 1789.

« Cette Charité, si ancienne, existait plus de 300 ans avant ce déluge d'horreurs qui avait aboli toutes les choses les plus sacrées. Elle est aujourd'hui rétablie, à dévotion, par ceux qui la composent et dont les noms suivent :

NOMS	PRÉNOMS	GRADES
MASSON	Thomas	1er Prévost
DUTHEIL	Pierre	1er Échevin
GAUTIER	Louis	Greffier
SAILLANT	Claude	Frère de mémoire
BOULIVET	Pierre	Frères
LESAGE	Étienne	»
CHAUVIN	Philippe	»
AUDOLANT	Jacques-Fr.	»
CHESNEL	Louis-Jacques	»
HERBINIÈRE	Charles	»
BOULIVET	René	»
MARRE	Jacques-Fr.	»
GÉVAUX	Jean	»
BURIN	Jacques-Louis	»
BROSSET	Jean-Louis	»

Plus loin ; voici clairement indiquées les fonctions des membres :

« Ils sont spécialement consacrés à la déposition des morts dans le cercueil, à leur transport et inhumation. »

La confrérie eut-elle à subir quelques épreuves ?... Nous retrouvons encore plus tard comme une sorte de nouvelle restauration.

Sa raison d'être fut approuvée officiellement, en 1841, par Mgr Mellon-Jolly, évêque de Séez :

« Rendre aux morts les derniers devoirs, servir à la

pompe du culte, soit dans les processions, soit dans l'office divin. »

Aujourd'hui, la Charité de Montchevrel n'est plus composée régulièrement; de 1900 à 1902, elle comprend comme membres :

NOMS	PRÉNOMS	GRADES
BLAVETTE	Cénéry	Prévost
NICOURT	Auguste	Échevin
GARNIER	Basile	Frère de mémoire
BOULIVET	Isidore	Frères
DELACOUR	Constant	»
COURTIN	Alphonse	»
RENVASÉ	Auguste	»
BOUDET	Paul	»
GASNIER	Cyrille	»
MALLARD	Léopold	»
BOUDOIN	Joseph	»
ASSIER	Léon	»

Ces membres dévoués remplissent les fonctions des anciens frères, avec le même zèle qu'autrefois; ils n'ont plus les charges et responsabilités de l'ancienne confrérie.

CONSEILLERS DE FABRIQUE
(1897)

MM. l'abbé Lory, curé ;
Potonier Gustave, maire ;
Bignon Ferdinand, président ;
Burin Isidore, secrétaire ;
Potonier Félix, trésorier ;
Lecœur Léon ;
Roussel Pierre.

CONSEILLERS DE FABRIQUE
(1902)

MM. l'abbé Lory, curé ;
Potonier Gustave, maire ;
Lecœur Léon, président ;
Roussel Pierre, secrétaire ;
Potonier Félix, trésorier ;
Bunet Modeste ;
Thiboust Basile.

CONSEILLERS MUNICIPAUX
(1896-1900)

MM. Potonier Gustave, maire ;
Michel Ludovic, adjoint ;
Burin Isidore ;
Bunet Modeste ;
Ganivet Alexandre ;
Potonier Félix ;
Lemoine-Chambillon Ludovic ;
Béguin Onésime ;
Dufay Denis ;
Bignon Ferdinand.

CONSEILLERS MUNICIPAUX
(1900-1902)

MM. Potonier Gustave, maire ;
Michel Ludovic, adjoint ;
Bunet Modeste ;
Potonier Félix ;
Ganivet Alexandre ;
Lemoine-Chambillon Ludovic ;
Thiboust Basile ;
Dufay Denis ;
Roussel Pierre ;
Lemoine-Chambillon Henri.

EMPLOYÉS DE L'ÉGLISE
(1902)

ENFANTS DE CHŒUR

MM. Fortin Arthur ;
    Tison Henri ;
    Bouju Edmond ;
    Aupetit Albert ;
    Mury Raymond ;
    Chevallier Gaston ;
    Tessier Marcel ;
    Vigneron Constant ;
    Leret Edmond ;
    Mury Adrien.

CHANTRES

MM. Aubry Alexandre, sacristain ;
    Chantepie Alcindor ;
    Collin Léon ;
    Martin Émile ;
    Monguillon Louis ;
    Aubry Édouard.

FAMILLES

QUI REÇURENT A TABLE LES MEMBRES DE L'HARMONIE DE MONTLIGEON

POTONIER Félix ;
BOITEAU Joseph ;
BUNET Modeste ;
AUBRY Alexandre ;
LEDRELLE ;
MOINET Albert ;
SORIELL Céleste ;
LECŒUR Léon ;
BEAUDOIRE ;
LECŒUR ;
THIBOUST Basile.

TABLEAU DES BIENFAITEURS

Le double tableau qui suit contient les noms des personnes qui ont le plus généreusement contribué à la restauration, ou au nom desquelles ont été remplies les conditions requises pour obtenir le titre de Bienfaiteur (1).

Ce double tableau est fixé au mur de l'église, à droite de la porte d'entrée.

(1) Minimum de l'offrande pour le titre de bienfaiteur : cent francs.

---

†

1897-1902

BIENFAITEURS DE L'ÉGLISE

M. l'abbé A. Lory, curé ;
M. et Mme G. Potonier ;
M. et Mme Maillard ;
Mme et Mlle Chevallier ;
M. Ch. Hupier ;
M. et Mme Burin ;
Mme Vve Buisson ;
Famille Ledrelle ;
M. et Mme de Laubespin ;
Mme Vve Lecœur ;
Mlle de Montchevrel ;
Famille Beaudoire ;
Mme Vve Cosme ;
M. et Mme Lhomer ;
Famille Olivier-Édet ;
Famille Thiboust ;
Famille Dufour ;
Famille Vigneron ;
Plusieurs monastères ;
Diverses communautés.

Restaurée par MM. A. Lory, curé ;
G. Potonier, maire de Montchevrel ;
C. Prempain, architecte ;
H. Hyaumet, entrepreneur.

✝
1897-1902

BIENFAITEURS DE L'ÉGLISE

M. DE LÉVIS-MIREPOIX,
  député ;
M. et Mme H. MAILLARD ;
M. et Mme DE VALLAMBRAS ;
M. et Mme F. POTONIER ;
M. et Mme BUNET ;
M. et Mme LECŒUR ;
M. et Mme ROUSSEL ;
Famille TESSIER ;
M. l'abbé POULLAIN ;
M. et Mme RAGOT ;
M. et Mme LEROYER ;
Famille CHANTEPIE ;
Famille CHESNEL ;
Famille BIGNON ;
Famille SAILLANT ;
Famille FOUCHET ;
Mlle LETOURNEL ;
La Charité de Montchevrel ;
Les RR. PP. CHARTREUX ;
Les RR. PP. PRÉMONTRÉS.

Consacrée par Sa Grandeur
Mgr Claude BARDEL,
évêque de Séez,
le dimanche 24 août 1902.

NÉCROLOGE

DES BIENFAITEURS DÉCÉDÉS DURANT LES TRAVAUX DE RESTAURATION (1897-1902)

M. BIGNON Ferdinand, président de la Fabrique et conseiller municipal, janvier 1898.

Mme BURIN, août 1898.

Mme Vve BUISSON, juin 1899.

M. BURIN Isidore, président de la Fabrique et conseiller municipal, septembre 1899.

Mme MAILLARD, à Paris, janvier 1900.

M. MAILLARD Henri-François, à Paris, février 1900.

Mme Vve FOUCHET, février 1900.

Mme TESSIER, à Paris, novembre 1900.

M. TESSIER, lieutenant-colonel en retraite, chevalier de la Légion d'honneur, à Paris, mars 1902.

Opera enim illorum sequuntur illos.

Le mérite de leurs bonnes œuvres les a suivis devant Dieu.

Pie Jesu, dona eis requiem !

Miséricordieux Jésus, accordez-leur le repos éternel !

La Chapelle-Montligeon (Orne). — Imp. de N.-D. de Montligeon.